BEI GRIN MACHT SICH IHR WISSEN BEZAHLT

- Wir veröffentlichen Ihre Hausarbeit,
  Bachelor- und Masterarbeit

- Ihr eigenes eBook und Buch -
  weltweit in allen wichtigen Shops

- Verdienen Sie an jedem Verkauf

**Jetzt bei www.GRIN.com hochladen
und kostenlos publizieren**

Wirksamkeit von Musiktherapie. Darstellung anhand eines Anwendungsbeispiels

Bibliografische Information der Deutschen Nationalbibliothek:

Die Deutsche Nationalbibliothek verzeichnet diese Publikation in der Deutschen Nationalbibliografie; detaillierte bibliografische Daten sind im Internet über http://dnb.d-nb.de abrufbar.

ISBN: 9783346895066
Dieses Buch ist auch als E-Book erhältlich.

Das Buch bei GRIN: https://www.grin.com/document/1366228

Inhaltsverzeichnis

Abbildungsverzeichnis

1 Aufgabe 1 – Studie zur Wirksamkeit von Musiktherapie bei Depressionen

Beschreibung

Depressive Störungen sind gekennzeichnet durch niedergeschlagene Stimmung, Interessen- und Freudverlust sowie einhergehende Aktivitätsminderung (Caspar et al., 2018). Die Psychotherapie hat sich größtenteils als wirksam erwiesen, kann sich jedoch aufgrund der ausschließlichen verbalen Verarbeitung für manche Menschen für ungeeignet oder unzureichend herausstellen (Beesdo-Baum & Wittchen, 2011). Aufgrund dessen ist eine Therapieform, welche eine nonverbale Verarbeitung einschließt, eine praktikable Alternative für manche Patienten. Die Musiktherapie erweist sich als wirksam, wobei Musik als eine weitere Ausdrucksform verstanden wird, die eine Ebene ermöglicht mit den eigenen Gefühlen in Kontakt zu treten (Gold et al., 2005).

Der Erfolg der Musiktherapie bei der Behandlung von Depressionen hat sich in der Vergangenheit gezeigt, jedoch sind die Studien meist methodisch unzureichend und es fehlt oftmals an Deutlichkeit über das verwendete klinische Modell.

In den letzten Jahren wurde anhand randomisierter kontrollierter Studien (RCTs), systematischen Cochrane-Reviews und Metaanalysen die Wirksamkeit der Behandlung von Depression der Musiktherapie bestätigt. Jedoch sollte eine bessere methodische Qualität mit verstärktem Fokus auf klinische Theorien und Arbeitsweisen der Musiktherapie in Studien erbracht werden (Gold et al., 2005).

Methode

Teilnehmer

Die Stichprobe besteht aus 60 Erwachsenen, welche mit unipolarer Depression diagnostiziert wurden und im Alter zwischen 18 und 50 Jahren sind. Zum Einschluss in die Studie muss eine Hauptdiagnose von Depression (F32 oder F33) gemäß der ICD-10-Klassifikation vorliegen (Bundesinstitut für Arzneimittel und Medizinprodukte, 2020). Das strukturierte klinische Interview für DSM-III-R (Mini-SCID) findet in Gesundheitszentren und Polikliniken zur Diagnose von Depressionen statt. Außerdem werden alle Teilnehmer vor der Randomisierung von einem maskierten klinischen Experten mit geschulter Ausbildung zur Diagnose von Depressionen beurteilt. Es findet ein Einschluss von Angstzuständen statt, aufgrund der häufigen Komorbidität von Depressionen und Angstzuständen (Caspar et al., 2018). Probanden werden unabhängig von ihrem Medikamentenstatus in die Studie aufgenommen und dürfen während der Studie diese weiter einnehmen. Die Teilnehmer müssen nicht über musikalische Fähigkeiten verfügen. Ausschlusskriterien sind Probanden mit wiederholter Suizidalität oder Psychose in der Vorgeschichte sowie akutem und schwerem Substanzmissbrauch was eine Teilnahme an den Messungen oder eine verbale Konversation beeinträchtigen würde.

Die Rekrutierung wird im April 2022 beginnen und bis circa Juni 2022 andauern. Eine Rekrutierung findet hauptsächlich in der psychiatrischen Kliniken Heidelberg statt. Um die Rekrutierung zu fördern, werden Zeitungsanzeigen geschaltet und auf Social Media Kanälen geworben. Außerdem wird von jedem Probanden eine unterzeichnete Einverständniserklärung für die Teilnahme an der Studie verlangt.

Randomisierung

Die Randomisierung erfolgt anhand eines Zufallsprinzips in einem Verhältnis von 10:7 zwischen Standardbehandlung und Musiktherapie. Dieses Verhältnis wurde gewählt, um eine Maximierung der Durchführbarkeit und Aussagekraft im Rahmen der gegebenen Budget- und Zeitvorgaben zu erzielen. Die Randomisierungsliste wurde mithilfe eines Tabellenkalkulationsprogramms erstellt und eine Zuteilung der einzelnen Teilnehmer wurde den Prüfärzten nicht mitgeteilt, bis eine Entscheidung über die Aufnahme in die Studie getroffen wurde. Die Prüfärzte erhielten per E-Mail die Zuteilung für den jeweiligen Teilnehmer erst nach dem alle Daten erfasst und die informierte Zustimmung eingeholt worden waren. Nach der Randomisierung galten die Teilnehmer als Teil der Studie. Gleich dem Intention-to-treat-Prinzip ebenso unabhängig davon, ob sie sich entschieden, die Studie vorzeitig zu verlassen (Laky et al., 2021).

Bewertungsverfahren

Psychiatrische Beurteilungen werden zu Beginn der Studie und bei der 3- monatigen und 6-monatigen Nachuntersuchung durchgeführt, wobei die 3-monatige Nachuntersuchung unmittelbar nach der Intervention in der Musiktherapiegruppe und die 6-monatige Nachuntersuchung 3 Monate nach Abschluss der Behandlung stattfindet. Ein klinischer Experte mit einer Ausbildung in der Psychotherapie und langjähriger Erfahrung in der Psychiatrie führt alle psychiatrischen Beurteilungen durch. Der Experte verfügt zusätzlich über eine Weiterbildung in der Behandlung und Beurteilung von Depressionen. Die Beurteilungen werden in einer anderen räumlichen Umgebung außerhalb der Klinik durchgeführt, um zufällige Begegnungen mit den Mitgliedern der Musiktherapiegruppe zu vermeiden.

Instrumente

Primäres Instrument

Die primäre Ergebnismessung der Studie war die Montgomery-Åsberg Depression Rating Scale (MADRS) (Montgomery SA & Åsberg, 1979). Diese Skala besteht aus 10 Items und der Gesamtwert kann zwischen 0 und 60 variieren. Die MADRS ist ein Fremdbeurteilungsfragebogen, welcher sich besonders gut eignet um depressive Symptome im Verlauf zu beurteilen, da er über eine gute Änderungssensitivität verfügt sowie eine prädiktive Validität für eine schwere depressive Störung nachgewiesen wurde konnte (Fantino & Moore, 2009).

Zur weiteren Ergebnismessung wird der Angstteil anhand der Hospital Anxiety and Depression Scale (HADS-A) gemessen (Zigmond & Snaith, 1983). Das Global Assessment of Functioning (GAF) welches vor allem bei der Therapieplanung und der Messung der Wirksamkeit förderlich ist, wird zudem verwendet (Hall, 1995). Die gesundheitsbezogene Lebensqualitätserhebung wird mit Hilfe des Short Form 36 (SF-36) gemessen (Ware & Sherbourne, 1992). Die Maße für die allgemeine Funktionsfähigkeit und die Lebensqualität wurden aufgrund ihrer breiten Verwendung in Studien über psychologische Interventionen für Menschen mit psychischen Erkrankungen ausgewählt.

Elektroenzephalografische Biomarker werden einbezogen um die Auswirkungen der Musiktherapie auf die Verarbeitung von insbesondere negativen Emotionen im Gehirn zu untersuchen. Erst wenn Biomarker in den diagnostischen Prozess integriert werden, bekommen Diagnosen einen klinischen Nutzen (Bosch & Breitenstein, 2015).

Intervention

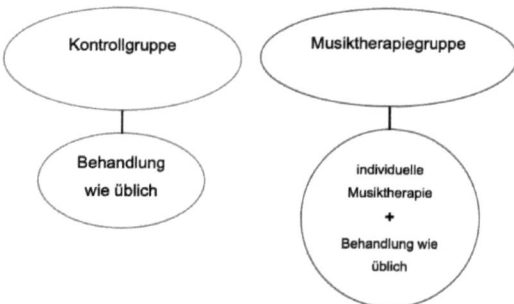

Abbildung 1: Intervention (Quelle: eigene Darstellung)

Alle Teilnehmer erhalten während der Teilnahme an der Studie weiterhin die übliche Behandlung. Die Standardbehandlung umfasst eine Kurzzeit-Psychotherapie von 5-6 Einzelsitzungen, welche von speziell für Depressionen geschulten Psychotherapeuten durchgeführt wird. Dies beinhaltet eine medikamentöse Behandlung (Antidepressiva) und eine psychiatrische Beratung (Termine für Beratung, Nachsorge und Unterstützung bei Bedarf).

In dieser Studie wird die aktive Musiktherapie gewählt, indem die Probanden zum musikalischen Spielen aufgefordert werden. In einem individuellen Therapeut-Klient Setting wird nach dem klinischen Modell, welches auf einer Interaktion zwischen freier musikalischer Improvisation und Diskussion basiert, vorgegangen (Erkkilä et al., 2011). Dieses Modell ist in der psychodynamischen Musiktherapietradition verankert. Das Grundprinzip der Intervention besteht darin, die Probanden zu einer expressiven musikalischen Interaktion zu ermutigen und sie in diese einzubinden. Der Therapeut unterstützt aktiv und erleichtert den therapeutischen Prozess des Patienten indem er musikalische Elemente (d.h. Rhythmus, Harmonie, Melodie, Dynamik, Klangfarbe) und Interventionen in Verbindung mit reflektierenden Gesprächen einsetzt. Der therapeutische Prozess basiert auf der gegenseitigen Bedeutungskonstruktion von aufkommenden Gedanken, Bildern, emotionalen Inhalten und Ausdrucksqualitäten, die oft aus der musikalischen Erfahrung stammen und dann im verbalen Bereich konzeptualisiert und weiter verarbeitet werden.

Es wird eine Rezeption, Produktion und Reproduktion von Musik intrapsychische und interpersonelle Prozesse hervorgerufen, welche dann mittels der Musiktherapie bearbeitet werden (Körber, 2013).

Einzelmusiktherapie bietet besonders Patienten einen geschützten Rahmen, welche eine tiefgreifende Störung in ihren Beziehungen zur Umwelt haben, so dass eine vorübergehend therapeutische Beziehung von Nöten ist (Mahns, 1987). In dessen kann über die Musik ein Zugang zu vorhandenen Ängsten, Hemmungen, mangelndem Selbstvertrauen oder psychischen Problemen geschaffen werden.

Insgesamt sind 20 zweiwöchentliche Musiktherapiesitzungen mit einer Dauer von jeweils 60 Minuten geplant. Der musikalische Ausdruck in den Sitzungen basiert auf einer begrenzten Auswahl von Musikinstrumenten, darunter eine Trommel, Klangwiege und ein Monochord. Der Therapeut und der Klient verfügen beide über die gleiche Instrumentierung. Die Therapie wird mit MIDI-Daten oder digitalen Audio-Daten festgehalten sowie zu Forschungs- und Supervisionszwecken per Video aufgezeichnet. Dadurch wird es möglich sein, die Improvisationen zur weiteren Bearbeitung und Diskussion abzuspielen.

Fünf professionell ausgebildete Musiktherapeuten nehmen an der Studie teil. Währenddessen werden die Therapeuten regelmäßig von einem erfahrenen Supervisor mit Qualifikationen in Musiktherapie und Psychotherapie supervidiert.

Statistisches Verfahren

Zur Auswertung der erhobenen Daten wird mit dem Programm SPSS gearbeitet, um Faktorenanalysen zu berechnen.

Für die Faktorenanalyse wird die Hauptachsenanalyse verwendet, die Rotation der Faktoren geschieht mit dem Varimax-Verfahren. Die Auswahl der Anzahl der Faktoren wird nach dem Scree Plot sowie der Analyse der aufgeklärten Varianzen gebildet.

Anschließend an die Faktorenanalyse werden Skalen aus den Faktoren geschaffen und für jeden Patienten die Werte berechnet.

Vor- und Nachteile der gewählten Studie

Die vorliegende Studie kann im statistischen Sinne als Sondierungsstudie angesehen werden. Die Stichprobengröße sollte ausreichend sein, um eine Wirkung auf das primäre Ergebnis am Ende der Therapie nachzuweisen. Eine anhaltende Wirkung nach mehreren Monaten Forschung, kann durch grafische Analysen, welche zeigen, dass die Wirkung tendenziell anhielt, nicht gewährleistet werden, ist jedoch sehr wahrscheinlich. In der präsentierten Studie wird ein einfaches zweiarmiges Design verwendet, bei dem die Musiktherapie mit der Standardbehandlung und die Standardbehandlung allein verglichen wurde. Dies wurde konzipiert, um die für die Politik wichtigste Frage zu beantworten: Ob die Musiktherapie der üblichen Behandlung für diese Bevölkerungsgruppe überlegen ist. Die Untersuchung verfolgt nicht das Ziel den Mechanismus der Veränderung oder die spezifischen Bestandteile der Musiktherapie zu untersuchen.

Das gewählte Instrument, die Montgomery-Åsberg Depression Rating Scale (MADRS), ist ein weit verbreitetes klinisches Maß zur Bestimmung des Schweregrades von Depressionen (Montgomery SA & Åsberg, 1979). Die empirische Unterstützung für die Faktorenstruktur der MADRS ist jedoch uneinheitlich. Zudem ist für einen Vergleich von MADRS-Scores innerhalb und zwischen Patienten ein Nachweis konsistenter Instrumenteneigenschaften erforderlich (Quilty et al., 2013).

Der Gesamtscore sowohl die identifizierten Subskalen können zu Recht bei allen ambulanten Depressionspatienten eingesetzt werden, um eine allgemeine sowie differenziertere Beurteilung des Behandlungserfolgs zu ermöglichen (Craighead & Evans, 1996).

Künftige Forschungsarbeiten könnten sich auf die Bewertung des unterschiedlichen prognostischen Nutzens der Subskalen fokussieren, um die zusätzliche Validität empirisch zu belegen.

Um die Wirksamkeit einer Therapie zu untersuchen, sind randomisierte und kontrollierte klinische Studien (RCTs – „randomised controlled trials") der Goldstandard. Die Vorteile einer neuen Therapie im Vergleich zu einer Standardtherapie können in einer RCT aufgezeigt werden. Qualitativ-hochwertige RCTs mit geringem Risiko für systematische Fehler verfügen neben Metaanalysen über den höchsten Evidenzgrad (Wagner & Weiß, 2014).

Obwohl RCTs für eine Evidenz stehen, wird die Generalisierbarkeit oft angezweifelt, da standardisierte und kontrollierte Studienbedingungen unzureichend die klinische Versorgungsrealität reflektieren. Hinzu kommt die unwirkliche Selektion der Studienpopulation, die oftmals nicht den Patienten in der täglichen Praxisrealität darstellt, wobei viele Begleiterkrankungen und -medikationen mit einhergehen (Schumacher & Schulgen, 2008).

Bei der Verwendung der Faktorenanalyse, ist zu beachten, dass es sich dabei um ein Verfahren handelt, bei dem es auf unterschiedlichen Stufen verschiedene Wahlmöglichkeiten gibt. Die Faktorenanalyse besteht aus vielen Schritten, in die jeweils eingegriffen werden kann, weshalb das Ergebnis größtenteils auch an der Entscheidung des Ausführenden liegt. Außerdem können mehrere Variablen zu aussagekräftigen Faktoren zusammengefasst werden, wie beispielsweise „Qualität" oder „Nutzen". In dessen ist die Datengrundlage sehr viel übersichtlicher und strukturierter, da eine Klarheit über den Zusammenhang der einzelnen Variablen und dessen Unabhängigkeit zum Beitrag der Fragestellung besteht (Schumacher & Schulgen, 2008).

2 Aufgabe 2 – Besonderheiten depressiver Probanden zur Berücksichtigung im Studienprozess

Die Therapeuten – Patienten Beziehung

Es entsteht in der Musiktherapie durch gemeinschaftliches musikalisch-schöpferisches Handeln ein klanglich-emotionaler Ausdruck. In der freien Improvisation begegnen Patient und Therapeut einander und entwickeln gegenwärtig den Klang dieser Begegnung. Ein besonderer Unterschied zwischen Musiktherapie und KVT liegt in der Begegnung zwischen Therapeut und Patient, wobei in der Musiktherapie beide gemeinsam musikalisch aktiv werden. Hierbei ist eine Begegnung auf gleicher Augenhöhe möglich (Smeijsters, 1999). Musiktherapie wirkt in der klinischen Tätigkeit als Spezialtherapie mit einem höheren Anteil an nichtsprachlichen Prozessen, welche für das Erleben und Verstehen der Patienten entscheidend ist. Eine transparente Kommunikation seitens der/des Therapeuten ist nötig und Voraussetzung für ein fundiertes Therapiekonzept. Die Musiktherapie als Psychotherapie zielt weniger auf die Hervorbringung musikalischer Werke ab, vielmehr auf die Gestaltung der wirksamen therapeutischen Beziehung mit Hilfe der Musik (Körber, 2013).

Das vorrangige Ziel besteht darin Resonanz zu bieten um Möglichkeiten für den Patienten zu schaffen, sich wahrgenommen zu fühlen. Insbesondere sollte auf Stimmungen und aktuelle Phasen eingegangen werden sowie Ausdrucksmöglichkeiten für Patienten geschaffen werden. Anfänglich können Instrumente in ihren Eigenarten der Klangerzeugung erfahren werden. Hierbei ist die Erfahrung von Resonanz durch Instrumente (z.B. Gong, Tischtrommel, Klavier, Klangschale) im Vordergrund. Der Kontaktmodus ist hier höchstens interattentional (Schumacher, Muthesius & Frohne-Hagemann, 2005). Dieser Kontaktmodus ist ebenso bei gemeinsamem Hören subjektiv bedeutsamer Musik entscheidend. Der Patient kann eigene Musikaufnahmen mit in die Musiktherapie bringen, welche symbolische Bedeutung haben und damit eine Ausdrucksform für den Patienten darstellen (Schmidt, Stegemann & Spitzer, 2019).

Vermeidungsverhalten

Patienten mit Angst- und depressiven Störungen zeigen häufig ausgeprägtes Vermeidungsverhalten. Dem Konzept der Emotionsregulation zufolge meiden Betroffene besonders solche Situationen, in denen die Intensität unangenehmer Emotionen (z.B. Angst, Wut, Trauer) zu stark wird und nicht ausgehalten werden kann. Verhaltensweisen, welche auf die kurzfristige Reduktion dieser Intensität abzielen (z.B. Flucht bei Angst), werden als EDB – Emotion Driven Behavior – bezeichnet (Campbell-Sills & Barlow, 2009). EDB sind mit Angst- und depressiven Störungen assoziiert und tragen zu ihrer Aufrechterhaltung bei, daher sollten diese Verhaltensweisen abgebaut werden (Trosper et al., 2009).

In der Verhaltenstherapie wird bei Angstpatienten üblicherweise eine Hierarchie aufgestellt, welche verschieden stark angstauslösende Situationen beinhaltet. Diese wird in einer systematischen Desensibilisierung in aufsteigender Reihenfolge abgearbeitet, wobei kaum angstauslösende Situationen zuerst behandelt werden. Ziel dieser Vorgehensweise ist, dass die Patienten in realen Situationen oder in der Vorstellung mit diesen Situationen konfrontiert werden, sodass die Patienten sich an die Angst gewöhnen wobei eine Habituation erzeugt wird. Weiterhin werden erlernte Entspannungstechniken angewandt (z.B. Progressive Muskelrelaxation), wobei der Reiz mit einer Angst-inkompatiblen Emotion assoziiert wird (Trosper et al., 2009).

In der Musiktherapie können in Form von Rollenspielen vermiedene Situationen musikalisch und verbal nachgestellt werden. Die anschließende Übertragung in Alltagssituationen ist hierbei wichtig. Ähnlich den musikalischen Rollenspielen können Tagtraumimprovisationen eingesetzt werden, um Zusammenhänge besser zu verstehen.

Differenzialdiagnostik

Symptome wie Niedergeschlagenheit, Traurigkeit, Erschöpfung, Selbstzweifel, Resignation sowie das Auftreten einzelner depressiver Symptome sind nicht gleichbedeutend mit dem Vorliegen einer depressiven Störung. Bei einigen psychischen Störungen sind depressive Symptome im typischen Krankheitsbild zu finden. Beispielsweise ist es schwer Depressionen von den Negativsymptomen der schizophrenen Grunderkrankung, wie sozialer Rückzug, verflachter Affekt und Apathie, zu unterscheiden. Dadurch ist bei entsprechendem Verdacht eine differenzialdiagnostische Abgrenzung nötig, um möglichen Komplikationen bei der Behandlung entgegenzuwirken. Episoden einer depressiven Störung mit ausgeprägter gereizter Stimmung lassen sich nur schwer von gemischten Episoden (Differenzialdiagnose) mit gereizter Stimmung unterscheiden. Bei einer multiplen psychischen und körperlichen Erkrankung oder älteren Patienten kann eine klare Diagnose von Depressionen erschwert sein, da häufig Symptome wie allgemeine Schwäche oder Schlafstörungen unabhängig von einer Depression vorliegen können. Wiederum ist die Wahrscheinlichkeit einer Fehlbehandlung sehr hoch (Wittchen et al., 1999). Insbesondere klagen ältere Personen über Schwindel, Konzentrations- und Gedächtnisstörungen. Insofern Anzeichen auf eine Antriebsminderung oder

Affektlabilität sowie Anhaltspunkte auf keine vorgeschichtliche Depression vorhanden sind, sollte eine beginnende Demenz in Betracht gezogen werden sowie indessen eine entsprechende Diagnostik veranlasst werden (Stoppe, 2006). Eine Fehldiagnose von Depression tritt häufig in Zusammenhang mit somato-formen Störungen, Angst- und Panikstörungen, Substanzmissbrauch sowie Ess- und Persönlichkeitsstörungen auf.

Umgang mit Suizidalität

Die Suizidrate bei depressiven Personen ist sehr hoch, die Schätzung liegt bei 15%. In der erstellten Studie werden Individuen von der Studie ausgeschlossen, wenn eine Geschichte von mehreren Suizidepisoden bestand. Jedoch kann im Laufe des Studienprozesses nicht ausgeschlossen werden, dass bei einzelnen Probanden diese Gedanken auftauchen. Im weiteren Behandlungsverlauf ist eine regelmäßige Erfassung von Nöten, wobei eine Abschätzung des aktuellen Handlungsdrucks (Lebensüberdruss, Todesgedanken, Suizidabsichten, Suizidpläne bzw. Suizidversuche) erfolgt. Entgegen einer weit verbreiteten Fehleinschätzung ist das Ansprechen der Patienten über ihre suizidalen Gedanken nicht einhergehend mit den Aufkommen dieser Impulse. Die Mehrheit der Patienten fühlen sich erleichtert, wenn das Thema entlastend thematisiert wird (Härter, Bermejo & Niebling, 2007). Insgesamt ist die Studienlage zu suizidpräventiven psychotherapeutischen Strategien unzureichend. Die Methodik der Forschung hierzu ist stark eingeschränkt, da ein experimentelles Vorgehen, bei dem einer Gruppe suizidgefährdeter Menschen Krisenintervention oder Psychotherapie vorenthalten würde, ethisch nicht vertretbar wäre. Auf Grundlage dessen, ist bei einer Äußerung suizidaler Gedanken, der Ausschluss aus der Studie und eine Weitervermittlung an einen geschulten Therapeuten oder eine Klinik angedacht (Härter, Bermejo & Niebling, 2007).

Kombination Psychotherapie und Medikamenteneinnahme

In der Depressionsbehandlung ist es weit verbreitet erfolgreiche Behandlungsansätze, spezifische Antidepressiva sowie Psychotherapie, miteinander zu kombinieren um so die Effekte zu optimieren beziehungsweise sogar zu steigern. Im Genaueren wurde die IPT (Interpersonelle Psychotherapie) als Ergänzung zur antidepressiven Pharmakotherapie erstellt, während die KVT (Kognitive Verhaltenstherapie) oder andere Psychotherapien eher Alternativen zur medikamentösen Behandlung darstellen (Beck & Freeman, 1995). Psychotherapie in Kombination mit Psychopharmaka ist in verschiedenen Varianten denkbar. Zum einen als echte Kombination bei zeitgleicher Anwendung oder versetzt beginnende und sich dann sukzessiv überlappende beziehungsweise ergänzende Behandlung. Eine dritte Möglichkeit wäre eine ablösende, alternativ ersetzende Intervention. Metaanalysen zeigen, dass die Kombination von Psychotherapie (KVT oder IPT) und verschiedenen Pharmakotherapien (trizyklische Antidepressiva und SSRIs) in der Behandlung akut symptomatischer, depressiver Patienten zu keinen zusätzlichen (additiven, synergistischen) Effekten führt (Hautzinger, 1995). Jedoch bewiesen Kombinationsbehandlungen immer wieder, dass bei depressiven Patienten eine zuverlässigere Einnahme der Medikation stattfand sowie über weniger Nebenwirkungen der Medikation geklagt wurde. Weiterhin wurden seltener Behandlung abgebrochen und eine höhere Kooperation war feststellbar. Bei schweren sowie chronischen Depressionen finden sich klare additive Effekte einer Kombinationstherapie im Vergleich zur alleinigen Psychotherapie (Hautzinger, 1995). Eine Studie der Forscher Paykel et al. konnten bei depressiven Patienten mit unvollständiger Remission unter einer ausschließlichen Pharmakotherapie nach Durchführung einer zusätzlichen KVT, signifikante Effekte feststellen. Patienten mit dieser Kombinationstherapie wurde ein höherer Anteil an vollständigen Remissionen sowie eine geringere Rückfallrate über ein Beobachtungsintervall von 3,5 Jahren zugewiesen (Hautzinger, 1995). Bei der Empfehlung einer kombinierten Akutbehandlung mit Antidepressiva und Psychotherapie ist in der klinischen Praxis eine bestimmte Berücksichtigung entscheidend. Es ist entscheidend wie der Therapeut den Patienten den Stellenwert der jeweiligen Kombinationsbestandteile näherbringt. Ausschließlich wenn Patienten nachvollziehen können, warum und in welchen Bereichen eine zusätzliche Pharmakotherapie/Psychotherapie wichtig ist, können sie Veränderungen entsprechend attribuieren.

3 Aufgabe 3 – Beschreibung der Metaanalyse und Bezugnahme auf die Studie „Psychotherapy for subclinical depression: meta-analysis"

Im Folgenden wird anhand der Studie von Cuijpers, Koole, Van Dijke, Roca, Li und Reynolds (2014) „Psychotherapy for subclinical depression: meta-analysis" eine Erläuterung der Metaanalyse vorgenommen. Für ein besseres Verständnis wird zunächst die Studie vorgestellt.

Ziel: Es wird die Wirksamkeit von Psychotherapien untersucht, ob eine Verringerung depressiver Symptome festzustellen ist. Indessen wird das Risiko der Entwicklung einer schweren depressiven Störung betrachtet und vergleichbare Wirkungen wie eine psychologische Behandlung der schweren Depression beleuchtet.

Ergebnisse: Die Qualität der eingeschlossenen Studien waren unterschiedlich: 7 der 18 Studien berichteten über eine angemessene Sequenzbildung und 8 Studien berichteten über eine Zuweisung zu den Bedingungen durch eine unabhängige (dritte) Partei. Es wurden nur wenige Hinweise auf Publikationsverzerrungen gefunden. Die Behandlung führte zu einer signifikanten Verringerung der Inzidenz schwerer depressiver Episoden bei der 6-monatigen Nachbeobachtung und möglicherweise auch bei der 12-monatigen Nachbeobachtung. Die Wirkungen waren deutlich geringer als die der Psychotherapie bei schweren depressiven Störungen und könnten auf unspezifische Effekte zurückzuführen sein. Die Autoren befürworten die Wirksamkeit von Psychotherapie bei der Behandlung subklinischer Depressionen, wobei außerdem die Häufigkeit schwerer Depressionen verringert wird. Allerdings plädieren sie für weitere hochwertige Forschungsarbeiten.

Im Weiteren wird nun näher auf das statistische Verfahren der Metaanalyse eingegangen.

Beschreibung

Der Begriff „Meta-Analyse" wurde im Jahr 1976 von Gene V. Glass eingeführt. Glass verstand darunter die „Analyse von Analysen" („analysis of analyses") (Glass, 1976), die neben Primär- und Sekundäranalysen einen dritten Forschungstyp darstellt. Gegensätzlich zu Primär- und Sekundäranalysen werden nicht die Originaldaten erstmalig oder wiederholt ausgewertet. Die Meta-Analyse richtet sich nach Glass (1976) vielmehr auf die statistische Zusammenfassung publizierter empirischer („aggregierter") Befunde aus möglichst allen für die jeweilige Fragestellung relevanten Studien. Indessen ist es auch die Beschreibung und Erklärung der Verteilung der Forschungsbefunde essenziell (Wagner & Weiß, 2014).

Eine Metaanalyse fasst im Sinne der Forschungssynthese Ergebnisse einzelner empirischer Untersuchungen zusammen - eine Analyse von Datenanalysen vorliegender Studien. Die Untersuchung einer Metaanalyse bezieht sich nicht auf einzelne Untersuchungspersonen bzw. -objekte, sondern jeweils ganze Primärstudien, die sich alle auf dieselbe Fragestellung oder Hypothese beziehen (Döring & Bortz, 2015).

Man unterscheidet quantitative und qualitative Metaanalysen. Ersteres verrechnet die die Ergebnisse vieler Studien zum gleichen Thema statistisch zu einem Gesamteffekt. Qualitative Metaanalyse aggregieren die Ergebnisse qualitativer Studien zum gleichen Forschungsthema interpretativ zu einer Gesamtaussage (Döring & Bortz, 2015).

Ablauf einer Metaanalyse

Eine Meta-Analyse umfasst jedes Element eines sozialwissenschaftlichen Forschungsprozesses (Wagner & Weiß, 2014).

- Problemspezifikation und Hypothesenbildung
- Datenerhebung
- Datenaufbereitung
- Datenanalyse
- Interpretation der Befunde

Der analoge Verlauf der **Problemspezifikation** und gegebenenfalls der **Hypothesenbildung** wird im ersten Schritt vorgenommen. Nicht selten setzt eine APD Meta- Analyse voraus, dass zu einer Forschungsfrage schon publizierte Befunde vorhanden sind. Es ist möglich neue Fragestellungen zu untersuchen, wenn bei komparativen APD (aggregate person data) Meta-Analysen diese beispielsweise Ländervergleiche betreffen (Wagner & Weiß, 2014). Ein praxisnahes Beispiel ist die vorgestellte Studie von Cuijpers et al. (2004) wobei sich das Problem auf die Wirksamkeit von Psychotherapien bei der Behandlung subklinischer Depressionen bezieht.

Im zweiten Schritt (**Datenerhebung, Datenaufbereitung**) sollte für eine gelungene publikationsbasierten APD Meta-Analyse eine möglichst vollständige sowie systematische Literaturrecherche durchgeführt werden, wobei vor allem die eigentlichen Befundstatistiken relevant sind (Wagner & Weiß, 2014). Cuijpers et al. (2004) verwendeten Datenbanken, welche durch umfassende Literaturrecherchen von 1966 bis

Januar 2013 kontinuierlich aktualisiert wurden. Hierfür wurden Abstracts aus den Fachdatenbanken PubMed, PsycINFO, EMBASE und dem Cochrane Central Register of Controlled Trials genutzt. Zudem wurden Primärstudien aus 42 Meta-Analysen zur psychologischen Behandlung von Depressionen überprüft (Cuijpers et al., 2004).

Ähnlich einer Inhaltsanalyse wird nach der Literaturrecherche das gefundene Material vercodet sowie elektronisch gespeichert. Insbesondere Publikationsmerkmale oder auch Qualitätsmerkmale sollten beachtet werden, um die Heterogenität der Befunde aufklären zu können. Cuijpers et al. (2004) dokumentierten unter anderem Studienmerkmale wie Zielgruppe, Interventionseigenschaften oder Art der Psychotherapie.

Im vierten Schritt wird eine statistische Analyse durchgeführt, wobei diese bei einer APD Meta-Analyse mindestens aus drei Teilen besteht (Wagner & Weiß, 2014).

Zum einen werden in der **Befundintegration** einzelne Befundstatistiken zu einer Gesamtstatistik zusammengefasst. In der vorgestellten Studie wurde für jeden Vergleich zwischen einer Psychotherapiebedingung und einer Kontrollgruppe die Effektgröße berechnet, die den Unterschied zwischen den beiden Gruppen bei der Bewertung nach dem Test angibt (Hedges' g) (Cuijpers et al., 2004).

Nachdem folgt eine **Heterogenitätsanalyse**, welche eine Analyse und Erklärung der Variation der Befundstatistiken einschließt. Cuijpers et al. (2014) vermuteten eine erhebliche Heterogenität zwischen den Studien und verwendeten deswegen ein Pooling-Modell mit zufälligen Effekten. Da die standardisierte mittlere Differenz (Hedges' g) aus klinischer Sicht nicht einfach zu interpretieren ist, wurden diese Werte mit Hilfe der Formeln von Kraemer & Kupfer in die Number Needed to Treat (NNT) umgerechnet. Die NNT gibt die Anzahl der Patienten an, die behandelt werden müssen, um ein zusätzliches positives Ergebnis zu erzielen (Cuijpers et al., 2004).

Als letztes wird eine **Analyse fehlender Werte** vorgenommen und **Publikationsbias** überprüft. Cuijpers et al. (2004) führten mehrere Verfahren zur Prüfung der Publikationsbias durch.

Vorteile der Metaanalyse

Metaanalysen stellen eine bessere Alternative zu sogenannten narrativen Reviews dar, welche häufig zur Zusammenfassung des empirischen Forschungsgegenstands eingesetzt werden. Hierzu wird ein stärker inhaltlich fokussierter Überblick über relevante Studien geboten, wobei jedoch wenig standardisiert vorgegangen wird (Wagner & Weiß, 2014).

Meta-Analysen tragen zum Erlangen drei bedeutender wissenschaftlicher Ziele bei:

(1) Empirische Forschung hat das Ziel sich kumulativ zu entwickeln. Die Erklärungskraft von Theorien und der praktische Nutzen nehmen zu, wenn bekannt ist, welche Hypothesen widerlegt wurden und welche nicht. Mit Meta-Analysen ist es außerdem möglich Forschungslücken zu identifizieren und diese gezielt zum Gegenstand künftiger Forschungsbemühungen zu machen.

(2) Eine Optimierung der Anwendung von Maßnahmen und Interventionen kann nur erfolgen, wenn ein zuverlässiges Wissen um ihre Effizienz besteht.

(3) Auf einigen Gebieten besteht das zentrale Forschungsziel darin, den Informationsgehalt von Theorien durch Suche nach universalen Gesetzen zu optimieren. Lassen sich Erkenntnisse zu empirischen Fragestellungen mit mehreren unabhängigen Stichproben replizieren, dann erhöht sich somit der Grad an Generalisierbarkeit (Allen, 2009).

Metaanalytische Verfahren lassen sich an wissenschaftlichen Gütekriterien messen und schneiden insgesamt besser ab als Einzelstudien (Döring & Bortz, 2015).

Probleme der Metaanalyse

Einhergehend mit den ersten Anwendungen wurden auch verschiedene Probleme der Metaanalyse diskutiert, welche vor allem konzeptionelle Fragen von Forschungszusammenfassungen betreffen.

So wurde vor einer in sozial- und verhaltenswissenschaftlichen Forschungsfeldern zumeist großen inhaltlichen Heterogenität gewarnt, welche eine gemeinsame Auswertung der Befunde wenig angemessen erscheinen lässt (umgangssprachlich: Äpfel-Birnen-Problem). Als Test für die Homogenität der Effektgrößen berechneten Cuijpers et al. (2014) in ihrer Studie die I2-Statistik, welcher als Indikator für die Heterogenität dient.

Eine weiterer Kritikpunkt bezieht sich auf die Auswahl von Primärstudien für Metaanalysen, das Garbage-in-Garbage-out-(GIGO)-Problem. Wenn fehlerhafte Primärstudien in die Metaanalyse eingehen („garbage in"), dann folgt meist ein fehlerhaftes metaanalytisches Ergebnis („garbage out"). Je mehr methodische Schwächen die verwendeten Primärstudien aufweisen umso größer ist dieses Problem (Borenstein et al., 2009). Mit dieser Schwierigkeit wird so umgegangen, dass die methodische Qualität aller Primärstudien anhand unterschiedlicher Indikatoren genau spezifiziert wird. Studien, welche Mindeststandards wissenschaftlicher Qualität nicht erfüllen, werden so aus der Metaanalyse ausgeschlossen.

Ein weiterer Kritikpunkt betrifft sogenannte Publikationsverzerrungen (publication bias), wobei die in der Regel höhere Publikationswahrscheinlichkeit hypothesenkonformer Ergebnisse gemeint ist, die eine Ergebniszusammenfassung entsprechend verzerrt. Zur Überprüfung von Publikationsverzerrungen in Metaanalysen wird meist ein sogenannter Funnel-Plot durchgeführt und die Stichprobengröße mit den Studienergebnissen in Beziehung gesetzt. In der vorgestellten Studie von Cuijpers et al. (2014) wurde dieser verwendet sowie der Egger-Test, welcher eine Ergänzung zum Funnel-Plot darstellt. Außerdem wurde die Trim-and-Fill-Methode von Duval und Tweedie verwendet, das eine Schätzung der Effektgröße nach Berücksichtigung der Publikationsverzerrung liefert (Duval & Tweedie, 2000).

Eine letzte Bemängelung betrifft die Konfundierung zwischen inhaltlichen und/oder methodischen Merkmalen der Einzelstudien, welche dazu führt, dass Effektmoderatoren nicht unabhängig untersucht werden können. Dieses Problem ist in nahezu allen Metaanalysen gegeben, weil sich wissenschaftliche Studien in der Regel aufeinander beziehen und bestimmte Kombinationen von Studienmerkmalen aus inhaltlichen Gründen nicht gleich wahrscheinlich sind.

Methoden der Befundintegration

Es existieren zahlreiche statistische Verfahren zur Befundintegration, die sich vor allem nach Art und Informationsgehalt der zugrundeliegenden Befundstatistiken unterscheiden (Borenstein et al. 2009).

- Effektmodelle der Metaanalyse

    Das Effektmodell der Metaanalyse gibt vor, wie die Gewichtungsfaktoren für die Ergebnisse der einzelnen Primärstudien-Effekte zu bestimmen sind, auf deren Basis der Gesamteffekt als gewichteter Mittelwert berechnet wird. Hierbei wird zwischen Fixed- Effect-, Random-Effects- und Mixed-Effects-Modelle der Metaanalyse unterschieden.

- Fixed-Effect-Modell

  Das Fixed-Effect-Modell nimmt an, dass die Primärstudien im Studienpool alle denselben Populationseffekt abbilden und Differenzen auf Stichprobenfehler zurückgehen. In die Gewichtungsfaktoren geht nur der Stichprobenumfang ein.

- Random-Effects-Modell

  Das Random-Effects-Modell hingegen geht davon aus, dass die Primärstudien im Studienpool unterschiedliche Populationseffekte abbilden, demnach Differenzen nicht nur auf Stichprobenfehler, sondern auch auf inhaltliche Unterschiede der Studien zurückzuführen sind. In die Gewichtungsfaktoren geht zusätzlich zu dem Stichprobenumfang auch die Abweichung des Ergebnisses einer Primärstudie von den anderen Untersuchungen im Studienpool ein.

- Mixed-Effects-Modell

  Das Mixed-Effects-Modell verbindet das Fixed-Effect- und das Random-Effects-Modell (Döring & Bortz, 2015).

  Zurückgehend auf die anfänglich vorgestellte Studie, wurden Subgruppenanalysen nach dem Mixed-Effects-Modell durchgeführt. Hierbei wurden die Studien innerhalb der Subgruppen mit dem Random-Effects-Modell gepoolt, während Tests auf signifikante Unterschiede zwischen den Subgruppen mit dem Fixed-Effect-Modell durchgeführt wurden.

Literaturverzeichnis

Allen, M. (2009). Meta-analysis. *Communication Monographs, 76 (4),* 398-407.

Beck, A.T. & Freeman A. (1995). *Kognitive Therapie der Persönlichkeitsstörungen* (3. Aufl.). PVU, Weinheim.

Beesdo-Baum, K., & Wittchen, H.U. (2011). *Depressive Störungen: Major Depression und Dysthymie.* In H.U. Wittchen & J. Hoyer (Hrsg.), Klinische Psychologie & Psychotherapie. Springer.

Borenstein, M., Hedges, L.V., Higgins, J.P.T. & Rothstein, H.R. (2009). *Introduction to Meta-Analysis.* Chichester: John Wiley.

Bosch, O.G. & Breitenstein, B. (2015). Biomarker in der Depressionsbehandlung: mehr als nur Worte? *Zeitschrift für Psychiatrie Psychologie und Psychotherapie,* 63, 217-232

Bundesinstitut für Arzneimittel und Medizinprodukte (Hrsg.). (2020). *Internationale statistische Klassifikation der Krankheiten und verwandter Gesundheitsprobleme (ICD)* (10. Revision), German Modification, Version 2021. Abgerufen 08.07.2022 von https://www.dimdi.de/static/de/klassifikationen/icd/icd-10-gm/kode-suche/htmlgm2021/index.htm

Campbell-Sills, L. & Barlow, D.H. (2009). Incorporating emotion regulation conceptualizations and treatments of anxiety and mood disorders. *Gross, J.J. (Ed.) Handbook of emotion regulation.* New York: The Guilford Press.

Caspar, F., Pjanic, I. & Westernmann, S. (2018). *Klinische Psychologie* (1. Aufl.). Springer.

Craighead, W.E. & Evans D.D. (1996). Factor analysis of the Montgomery–Åsberg Depression Rating Scale. *Depression,* 4, 31–33

Cuijpers, P., Koole, S.L., Van Dijke, A., Roca, M., Li, J. & Reynolds III, C.F. (2014). Psychotherapy for subclinical despression: meta-analysis. *The British Journal of Psychiatry,* 205, 268-274. doi: 10.1192/bjp.bp.113.138784

Döring, N. & Bortz, J. (2015). *Forschungsmethoden und Evaluation in den Sozial- und Humanwissenschaften.* Springer.

Duval, S. & Tweedie, R. (2000). Trim and fill: A simple funnel-plot-based method of testing and adjusting for publication bias in meta-analysis. *Biometrics*. doi:10.1111/j.0006-341x.2000.00455.x

Erkkilä, J., Punkanen, M., Fachner, J. & Ruona, E.A. (2011). Individual music therapy for depression – Randomised Controlled Trial. *The British journal of psychiatry: the journal of mental science*, 199, 132-9

Fantino, B. & Moore, N. (2009). The self-reported Montgomery-Asberg Depression Rating Scale is a useful evaluative tool in Major Depressive Disorder. *BMC Psychiatry*, 9, 26–26

Glass, G.V. (1976). Primary, Secondary and Meta-Analysis of Research. *Educational Researcher,* 5, 3-8

Gold, C., Heldal, T.O., Dahle, T. & Wigram, T. (2005). Music therapy for schizophrenia or schizophrenia-like illnesses. *The Cochrane Database of Systematic Reviews*, (2), http://dx.doi.org/10.1002/14651858.CD004025.pub2

Hall, R.C.W. (1995). Global assessment of functioning – a modified scale. *Psychosomatics*, 36, 267–75

Härter, M., Bermejo, I., Niebling, W. (2007). *Praxismanual Depression – Diagnostik und Therapie erfolgreich umsetzen*. Köln: Deutscher Ärzteverlag.

Hautzinger, M. (1995). Psychotherapie und Pharmakotherapie bei Depressionen. *Psychotherapeut*, 40, 373–380

Körber, A. (2013). Musiktherapie. *Die Psychotherapie*, 58, 79-99

Laky, B., Heuberer, P.R., Herbst, E., Lattermann, C., Günther, D., Schüttler, K.F., Wafaisade, A., Mathis, D., Rössler, P.P., Kopf, S., & AGA Research Komitee (2021). Intention-to-treat-Prinzip. *Arthroskopie*, 34, 233–237. https://doi.org/10.1007/s00142-021-00459-6

Mahns, W. (1987). Zur Praxis der musiktherapeutischen Einzelbehandlung in der Sonderschule. *Musik und Kommunikation. Hamburger Jahrbuch zur Musiktherapie und intermodalen Medientherapie*, 1, 11-34

Montgomery, S.A. & Åsberg, M. (1979). A new depression scale designed to be sensitive to change. *The British Journal of Psychiatry*, 134, 382–389. https://psycnet.apa.org/doi/10.1192/bjp.134.4.382

Quilty, L.C., Robinson, J.J., Rolland, J.P., Fruyt, F.D., Rouillon, F. & Bagby, R.M. (2013). The structure of the Montgomery-Åsberg depression rating scale over the course of treatment for depression. *Int J Methods Psychiatr Res.*, 22, 175-184

Schmidt, H.U., Stegemann, T. & Spitzer, C. (2019*). Musiktherapie bei psychischen und psychosomatischen Störungen.* Urban & Fischer in Elsevier.

Schumacher, K., Muthesius, D. & Frohne-Hagemann, I. (2005). Die Geschichte der psychotherapeutisch orientierten Musiktherapie in Berlin – Ein historischer und systematischer Überblick. *Psychotherapie und Körperarbeit in Berlin. Geschichte und Praktiken der Etablierung.* Matthiesen Verlag, Husum.

Schumacher, M., Schulgen, G. (2008). *Methodik klinischer Studien: Methodische Grundlagen der Planung, Durchführung und Auswertung.* Springer.

Smeijsters, H. (1999). Grundlagen der Musiktherapie. Theorie und Praxis der Behandlung psychischer Störungen und Behinderungen. Hogrefe, Verlag für Psychologie.

Stoppe, G. (2006). Alte. *Volkskrankheit Depression.* Springer.

Trosper, S.E., Buzzella, B.A., Bennett, S.M. & Ehrenreich, J.T. (2009*).* Emotion Regulation in Youth with Emotionale Disorders: Implications for a Unified Treatment Approach. *Clinical Child and Family Psychology Review, 12 (3),* 234-254. Springer.

Wagner, M. & Weiß, B. (2014). Meta-Analyse. *Handbuch Methoden der empirischen Sozialforschung*, 1117-1126, Springer.

Ware, J.E.Jr. & Sherbourne, C.D. (1992). The MOS 36-item short-form health survey (SF-36). *I. Conceptual framework and item selection. Med Care*, 30, 473–83

Wittchen, H.U., Lieb, R., Wunderlich, U., & Schuster, P. (1999). Comorbidity in primary care: Presentation and consequences. *The Journal of Clinical Psychiatry, 60* (7), 29-36

Zigmond, A.S. & Snaith, R.P. (1983). The hospital anxiety and depression scale. *Acta Psychiatr Scand*, 67, 361–70

BEI GRIN MACHT SICH IHR WISSEN BEZAHLT

- Wir veröffentlichen Ihre Hausarbeit,
  Bachelor- und Masterarbeit

- Ihr eigenes eBook und Buch -
  weltweit in allen wichtigen Shops

- Verdienen Sie an jedem Verkauf

Jetzt bei www.GRIN.com hochladen und kostenlos publizieren